Biddy Mason
Nace una líder

Lorin Driggs

Asesores

Kristina Jovin, M.A.T.
Distrito Escolar Unificado Alvord
Maestra del Año

Bijan Kazerooni, M.A.
Departamento de Historia
Universidad Chapman

Créditos de publicación

Rachelle Cracchiolo, M.S.Ed., *Editora comercial*
Conni Medina, M.A.Ed., *Redactora jefa*
Emily R. Smith, M.A.Ed., *Realizadora de la serie*
June Kikuchi, *Directora de contenido*
Caroline Gasca, M.S.Ed., *Editora superior*
Marc Pioch, M.A.Ed., y Susan Daddis, M.A.Ed., *Editores*
Sam Morales, M.A., *Editor asociado*
Courtney Roberson, *Diseñadora gráfica superior*
Jill Malcolm, *Diseñadora gráfica básica*

Créditos de imágenes: portada y págs.1 (primer plano), 17 (superior), 19 Security Pacific National Bank Collection/Los Angeles Public Library Photo Collection; portada y pág.1 (fondo) © J. Paul Getty Trust. Getty Research Institute, Los Angeles (2004.R.10); págs.2–3 fotografía de Brody Paul Pioch; págs.4–5 Control Number ms0048, Historic American Buildings Survey Collection, Library of Congress; pág.5 (superior) National Archives and Records Administration [1943528]; pág.6 Library of Congress [LC-USZC4-2442]; págs.8–9 David Rumsey Map Collection, www.davidrumsey.com; pág.10 New York Public Library Digital Collections; pág.11 fotografía de Sue Hwang; págs.12–13 New York Public Library Digital Collections; pág.13 (superior) folleto de California State Parks; pág.14 (inferior) Benjamin Hayes, 1849. Fotografía de Parker Photographers, California Faces: Selections from The Bancroft Library Portrait Collection [gráfico], I0045182a. Cortesía de The Bancroft Library, University of California, Berkeley; págs.16–17 Library of Congress [LC-DIG-ds-03470]; págs.2–3, 18, 24–25, 29 (inferior), 32, fotografía de la contraportada de Brody Paul Pioch; pág.20 National Archives and Records Administration [535691]; pág.21 Creative Commons Attribution 2.0 Generic de Laurie Avocado; pág.22 Herald-Examiner Collection/Los Angeles Public Library Photo Collection; pág.23 (superior) Los Angeles herald. (Los Angeles [Calif.]), 16 ene. 1891. Chronicling America: Historic American Newspapers, Library of Congress, (página entera) fotografía de Curtis Thompson; pág.27 (superior) Shades of L.A.: African American Community/Los Angeles Public Library Photo Collection, (inferior) Collection of the Smithsonian National Museum of African American History and Culture, presente de A'Lelia Bundles/Madam Walker Family Archives; pág.29 (superior) National Archives and Records Administration [1943528]; pág.31 United States Census; todas las demás imágenes cortesía de iStock y/o Shutterstock.

Library of Congress Cataloging-in-Publication Data

Names: Driggs, Lorin, author.
Title: Biddy Mason : nace una líder / Lorin Driggs.
Other titles: Biddy Mason. Spanish
Description: Huntington Beach : Teacher Created Materials, Inc., 2020. | Audience: Grade 4 to 6. | Summary: "Biddy Mason began her life as an enslaved person. She was forced to walk all the way from Mississippi to California. Once there, she gained her freedom. She succeeded in business and left a legacy of caring and charity. This book tells the inspiring story of a mother, nurse, midwife, and landowner"-- Provided by publisher.
Identifiers: LCCN 2019016049 (print) | LCCN 2019980134 (ebook) | ISBN 9780743912723 (paperback) | ISBN 9780743912730 (ebook)
Subjects: LCSH: Mason, Biddy, 1818-1891--Juvenile literature. | Women slaves--United States--Biography--Juvenile literature. | Slaves--United States--Biography--Juvenile literature. | African American women--Biography--Juvenile literature. | African American midwives--California--Biography--Juvenile literature. | Los Angeles (Calif.)--Biography--Juvenile literature.
Classification: LCC E444.M38 D7418 2020 (print) | LCC E444.M38 (ebook) | DDC 973/.04960730092 [B]--dc23
LC record available at https://lccn.loc.gov/2019016049
LC ebook record available at https://lccn.loc.gov/2019980134

Teacher Created Materials

5301 Oceanus Drive
Huntington Beach, CA 92649-1030
www.tcmpub.com

ISBN 978-0-7439-1272-3

© 2020 Teacher Created Materials, Inc.
Printed in China
Nordica.102019.CA21901929

Contenido

Una vida de valentía

Adiós, adiós:

látigos y cadenas dejo atrás;

se abren ante mí las llanuras de la dulce Libertad.

—Fragmento de "The Flying Slave"

Estos versos son de una canción sobre el sueño de libertad de una persona esclavizada. Biddy Mason podría haber escrito la canción. Ella también soñaba con ser libre.

Mason nació en 1818. Se llamaba Bridget, pero todos le decían Biddy. Nació en Georgia o Misisipi; nadie sabe bien. Mason nació en la esclavitud. Su dueño se la dio a otro hombre como regalo. El hombre vivía en Misisipi. Biddy trabajó en su **plantación** hasta los 30 años.

En 1848, inició un viaje que le cambiaría la vida. Cuando el viaje comenzó, Biddy era una persona esclavizada en Misisipi. Cuando terminó, era una mujer rica y libre en Los Ángeles, California.

Este libro cuenta la verdadera historia de la asombrosa vida de Biddy Mason.

casa de una plantación de Misisipi del siglo XIX

Thirty-Eighth **Congress of the United States of America;**

At the Second Session,

Begun and held at the City of Washington, on Monday, the fifth day of December, one thousand eight hundred and sixty-four.

A RESOLUTION

Submitting to the legislatures of the several States a proposition to amend the Constitution of the United States.

Resolved by the Senate and House of Representatives of the United States of America in Congress assembled, (two-thirds of both houses concurring), that the following article be proposed to the legislatures of the several States as an amendment to the constitution of the United States, which, when ratified by three-fourths of said legislatures, shall be valid to all intents and purposes, as a part of the said constitution, namely: Article XIII. Section 1. Neither slavery nor involuntary servitude, except as a punishment for crime whereof the party shall have been duly convicted, shall exist within the United States, or any place subject to their jurisdiction. Section 2. Congress shall have power to enforce this article by appropriate legislation.

Speaker of the House of Representatives.

Vice President of the United States and President of the Senate.

Abraham Lincoln

La esclavitud y la ley

En 1808, se aprobó una nueva ley. Prohibía traer a personas esclavizadas a Estados Unidos. Pero seguía siendo legal tenerlas. Eso no cambió hasta 1865. Fue el año en que se aprobó la Decimotercera Enmienda (a la derecha). Con esa enmienda, la esclavitud pasó a ser **ilegal**.

Civismo

La mitad no era libre

En el **censo** de 1850, se contó la cantidad de habitantes de cada estado. Se contó tanto a las personas libres como a las esclavizadas. Misisipi tenía más de 600,000 habitantes. La mitad eran personas esclavizadas.

Civismo

5

La vida de Mason en Misisipi

¿Cómo era la vida de Mason como persona esclavizada en Misisipi? Todos sus días estaban planificados. No podía decidir cuándo levantarse o cuándo irse a dormir. Ir a la escuela o tener un empleo pago no eran cosas que pudiera elegir. No podía mudarse a otro lugar. Mason tenía que hacer lo que Robert Smith, su dueño, le dijera.

El Sr. Smith no podía impedir que ella usara su inteligencia. Mason aprendió el trabajo de enfermera. Lo aprendió de mujeres mayores, que a su vez lo habían aprendido de mujeres que habían vivido antes que ellas. Mason usó sus conocimientos para cuidar de personas enfermas. Cuando había un nacimiento en la plantación, Mason ayudaba. Cuando alguien necesitaba los cuidados de una enfermera, allí estaba Mason.

En 1848, la vida de Mason cambió. Smith decidió irse de Misisipi. Se había unido a la Iglesia mormona, y muchos mormones se estaban mudando a Utah.

Conocimiento compartido

En algunos estados, era ilegal que las personas esclavizadas aprendieran a leer y escribir. También era ilegal enseñarles. Los dueños de esclavos temían que enseñarles a leer terminara causando una revuelta. Pero muchas personas esclavizadas encontraron maneras de aprender. Recurrían a sus parientes y a otros esclavos para obtener conocimientos.

Trabajo duro

En la mayoría de las plantaciones del Sur del siglo XIX, se plantaban **cultivos comerciales**. El algodón era uno de los más comunes. Se necesitaban muchas personas para cosechar el algodón cuando estaba listo. Las personas esclavizadas trabajaban de sol a sol. Pasaban largas horas bajo el sol ardiente, agachadas para recoger el algodón.

Economía

El algodón se usa para hacer ropa, sábanas y toallas.

"Día tras día..."

Muchas personas llevaban un diario en el que relataban sus viajes al Oeste en caravanas de carretas. En 1849, una mujer escribió: "Día tras día, semana tras semana, repetíamos la misma rutina agotadora [...]. Cansados, llenos de polvo [...] exhaustos [...]".

Smith, su familia y sus esclavos tenían un largo viaje por delante. Los esclavos empacaron las pertenencias en carretas cubiertas tiradas por caballos, mulas o bueyes. El grupo formaba una larga línea llamada *caravana de carretas*. Un guía experimentado encabezaba la caravana.

El viaje de 2,000 millas (3,219 kilómetros) desde Misisipi hasta Utah era difícil y peligroso. El grupo comenzó su viaje en marzo. Viajaron durante ocho meses. Cruzaron ríos y montañas. Algunas carretas se rompieron. Los viajeros se enfermaban o se lastimaban en accidentes. Soportaron fuertes tormentas, calurosos días de verano y otros peligros.

Mason caminó todo el viaje. Su trabajo diario era arrear a los animales. Por la noche, cuando la caravana se detenía, Mason preparaba la comida para las 19 personas del grupo de Smith. Hacía todo eso además de cuidar de sus propias hijas. Tenía tres hijas. Una tenía 10 años, otra tenía 4 y otra todavía era una bebé.

El grupo llegó a Utah en noviembre de 1848.

Muchos mormones viajaron a Utah por esta ruta.

Navegar hacia el Oeste

En su largo viaje hacia el Oeste, muchos **pioneros** cruzaban la pradera en carretas cubiertas con una tela blanca. A esas carretas las llamaban "goletas de la pradera". Una *goleta* es un tipo de embarcación. Desde lejos, esas telas blancas que cubrían las carretas parecían velas de barcos que se desplazaban por las Llanuras.

El estado libre de California

Smith se quedó en Utah hasta 1851. Luego, se mudó a San Bernardino, en California. Se mudó con otro grupo de mormones. Para eso, tuvo que hacer otro largo viaje. Una vez más, Mason hizo todo el viaje a pie.

En Utah, era legal que Smith tuviera esclavos. Pero California era un estado libre. Eso significaba que nadie podía ser dueño de una persona. Aun así, Smith violó la ley y conservó a Mason y a sus otros esclavos. En 1855, en California, ya había muchas personas en contra de la esclavitud. Smith se dio cuenta de eso. Por lo tanto, decidió irse de California. Planeó ir a Texas. Allí la esclavitud era legal.

Mientras se preparaba para mudarse, Smith trató de ocultar a sus esclavos. Pero algunos amigos de Mason, que eran afroamericanos libres, alzaron la voz. Le dijeron al alguacil que Smith estaba tratando de llevarse a sus esclavos a otro estado. Eso iba en contra de la ley. El alguacil hizo una redada en el campamento de Smith. Mason, sus hijas y las otras personas esclavizadas fueron rescatadas. No tuvieron que irse de California.

Mirror of the Times

Mifflin Gibbs se mudó a California en 1850. Durante cinco años, vendió botas a los mineros. En 1855, ayudó a **fundar** el primer periódico afroamericano del Oeste. Se llamó *Mirror of the Times*. Su objetivo era luchar por "la igualdad de derechos para todos los estadounidenses".

El indicador del Camino de los Mormones (que se muestra aquí) se encuentra en San Bernardino. El sendero marca un paso que usaban los mormones camino al Oeste. Hoy es un **sitio histórico**. California tiene más de 1,050 de estos sitios. Son edificaciones o lugares que cumplieron un papel importante en la historia y el desarrollo del estado.

IN JUNE 1851, 500 MORMON PIONEERS CAME THROUGH THIS PASS TO ENTER THE SAN BERNARDINO VALLEY WHERE THEY COLONIZED AND ESTABLISHED A PROSPEROUS COMMUNITY. ERECTED BY SONS OF MORMON PIONEERS MAY 15, 1937

Este indicador muestra por dónde pasaban los mormones camino al Oeste.

Mason todavía no era libre, pero tenía esperanzas. Cuando ella y los demás fueron rescatados, vivieron en la cárcel de la ciudad de Los Ángeles. Todos tenían que pedir su liberación ante un tribunal. Si Mason no ganaba su caso, Smith podía llevársela a Texas legalmente. Así, quizá nunca sería libre.

En 1856, Mason se presentó en el tribunal. Pidió que se liberara a todas las personas esclavizadas que Smith había llevado desde Misisipi.

Aunque California era "libre", las personas negras no tenían los mismos derechos que las blancas. La ley decía que una persona que no era blanca no podía hablar en contra de un blanco en un juicio público. Mason estaba luchando por su libertad, pero creía que debía mantenerse callada. No dijo nada sobre su difícil vida en Misisipi. No habló sobre cómo había hecho todo el camino a Utah y luego a California a pie. No dijo nada sobre su miedo a perder toda esperanza si la llevaban a Texas.

El juez Hayes

Benjamin Hayes fue el juez del caso de Mason. Era de Maryland. En 1849, se mudó a California. Fue elegido primer juez del tribunal del distrito. Una de las áreas que Hayes supervisaba era San Bernardino. Atendía casos en dos idiomas: inglés y español. Eso era poco común para la época.

Este es un dibujo de Los Ángeles, donde Mason estuvo detenida durante su juicio.

Al fin libre

Nancy Ross y Peter Gooch eran personas esclavizadas llevadas a California en 1849. No les permitieron llevar a su pequeño hijo con ellos. Cuando California se convirtió en estado al año siguiente, fueron liberados y se casaron. Para ganar dinero, Ross cosía, cocinaba y limpiaba para los mineros. Ahorró suficiente dinero para comprar la libertad de su hijo en Misuri.

Si bien la ley decía que Mason no podía hablar en un juicio público, el juez habló con ella en privado. Ella le dijo: "Siempre hice lo que me ordenaron; siempre temí este viaje a Texas, desde el momento en que supe que se haría. El Sr. Smith me dijo que en Texas sería tan libre como aquí". El abogado de Smith le dijo al juez que los esclavos querían ir a Texas. No había dudas de que Smith había mentido a Mason y al tribunal.

El juez escuchó lo que él llamó el "silencio revelador" de Mason y los demás. Luego, tomó su decisión. "Todas las personas de color mencionadas tienen derecho a su libertad [...] y son libres para siempre", escribió. Mason, sus tres hijas y nueve esclavos más habían ganado el caso. "Ahora deben ir a trabajar para sí mismas, en paz y sin miedo", dijo el juez. ¡Y eso es exactamente lo que hizo Mason!

La decisión de Hayes

Junto con Mason, el juez Hayes liberó a 13 personas esclavizadas más. Poco después de su decisión, su hijo se cayó de un carruaje. Una de las personas que Hayes liberó salvó la vida de su hijo. Hayes interpretó esto como una señal de que había tomado la decisión correcta.

The New York Herald

N° 9000   NUEVA YORK, JUEVES 15 DE MAYO DE 1856   PRECIO DOS CENTAVOS

UN CASO DE ESCLAVOS FUGITIVOS EN LOS ÁNGELES

Resumimos del *Star* de Los Ángeles siguiendo la noticia de un caso de esclavos fugitivos tratado recientemente por el juez Hayes en esa ciudad:

En este caso, se da el beneficio de la orden de *habeas corpus* a catorce personas de color, a saber: Hannah, de 34 años, y Biddy, 38; y sus hijos, o sea, Ann, 17; Lawrence, 12; Nathaniel, 10; Jane, 8; Charles, 6; Marion, 4; Martha, 2; un varón recién nacido, de dos semanas, todos hijos de Hannah; Mary, 2 años, hija de Ann, anteriormente mencionada; Ellen, 17; Ann, 12; Harriet, 8, hijas de Biddy. La petición indica que son libres, habiendo sido llevados al Estado de California en el año 1851 (en otoño, al parecer) por Robert Smith, quien reside allí con ellos desde entonces y ahora los mantiene en servidumbre y está por mudarse al Estado de Texas, adonde los llevaría y convertiría así en esclavos. La respuesta del acusado a la resolución sostiene que, en Misisipi, era dueño de Hannah, Ann, Lawrence y Nathaniel, y de Biddy y sus tres hijas ya mencionadas, todos esclavos; partió de aquel Estado hacia el Territorio de Utah;

Jane nació en Misuri (¿Illinois?), Charles, en el Territorio de Utah y los otros cuatro, en California; se fueron de Misisipi con su propio consentimiento en lugar de permanecer allí, y el dueño los ha mantenido desde entonces, los ha controlado no más que a sus propios hijos y no los ha retenido como esclavos; su intención es retirarse a Texas y llevárselos con él; Hannah y sus hijos están bien predispuestos a quedarse con él, y la petición se presentó sin su conocimiento ni consentimiento. "Smith y las personas mencionadas —agrega—, han acordado que volverán al mencionado Estado de Texas con él, de manera voluntaria, como parte de su familia".

Todos fueron trasladados al tribunal por orden judicial, excepto Hannah, quien, quedó demostrado, se encontraba enferma; Lawrence, quien se quedó a su cuidado, y Charles, ausente en el condado de San Bernardino, pero dentro de este distrito judicial. El caso se trató como si todos estuvieran presentes, bajo estatuto, y el fallo fue, en esencia, que todas las personas mencionadas son libres; y, para su mayor seguridad, los menores de veintiún años quedaron bajo la custodia del alguacil.

La libertad y lo que siguió

Mason tenía 37 años. Por primera vez en su vida, era libre de tomar sus propias decisiones. Nadie iba a decirle qué hacer o adónde ir. Decidió vivir en Los Ángeles, California, cerca de unos amigos.

Al poco tiempo, Mason empezó a usar las destrezas de enfermería que había aprendido en Misisipi. El Dr. John S. Griffin le dio un empleo, y le pagaba $2.50 por día. Biddy también trabajaba de manera independiente, como enfermera y **partera**. Personas de todos los grupos **étnicos** de Los Ángeles hicieron correr la voz sobre lo excelente que era la enfermera Biddy Mason.

Mason tenía un sueño para su familia. Quería que tuvieran una casa que nadie pudiera quitarles jamás. Su plan era trabajar mucho y ahorrar dinero. Hizo exactamente lo que había planeado, y jamás perdió de vista su sueño.

Los Ángeles en sus inicios

La ciudad de Los Ángeles (que se muestra aquí) se estableció oficialmente en 1850. En aquel entonces, había unas 1,610 personas viviendo en la ciudad. No había calles pavimentadas, aceras ni luces en las calles. Las casas daban a los caminos. Había que colocar luces en el frente durante las dos primeras horas de oscuridad. Las luces ayudaban a otras personas a ver durante la noche.

Geografía

Dr. Griffin

Las parteras y los partos

Antes de fines del siglo XIX, era común que una partera ayudara cuando nacía un bebé. Al igual que Mason, la mayoría de las parteras no tomaban clases ni estudiaban, sino que aprendían observando a otras parteras. Las parteras siguen atendiendo partos el día de hoy, pero en Estados Unidos es más común que los atienda un médico.

Tras 10 años de trabajar como enfermera, Mason había ahorrado $250. Eso era mucho dinero en 1866. Mason compró un terreno en Los Ángeles. Tomó una decisión inteligente porque la ciudad estaba creciendo con rapidez.

Mason convirtió su propiedad en un lugar seguro para su familia. Quería dejar su casa y sus tierras a sus hijas y sus nietos. Les dio lo que ella no había tenido cuando era joven.

Mason siguió ahorrando dinero durante algunos años más. Luego, comenzó a construir en su terreno. Ella y su familia vivían en una parte del primer edificio que había en el terreno. Las otras habitaciones se rentaron a tiendas. Mason seguía trabajando de enfermera. La renta y su salario le permitieron ahorrar más dinero. Compró y vendió más tierras, y eso la hizo ganar una fortuna.

Terrateniente: una adelantada

Mason fue una de las primeras mujeres afroamericanas en comprar tierras en Los Ángeles. Aquí se muestra el **título de propiedad** de sus tierras. Al principio, usó la tierra para hacer un huerto. Luego, rentó habitaciones para ganar dinero extra. Era una mujer de negocios inteligente. Continuó ganando y ahorrando dinero.

Economía

DEED.

William M. Buffum
and
James F. Burns.
to
Biddy Mason

Esta es una de las pocas fotografías conocidas de Mason.

El dinero, antes y ahora

El valor del dinero cambia con el tiempo. El dinero que Mason ahorró valdría más hoy en día. En 1866, había ahorrado $250. Eso equivale a casi $4,000 hoy. Después, ahorró $300,000. Hoy, esa cifra la convertiría en millonaria. ¡Sería más de $7 millones!

Economía

Mason se convirtió en una de las mujeres afroamericanas más ricas de Los Ángeles. ¿Qué hizo con su dinero? Ayudó a otros. Esta mujer, que había sido esclavizada y tan maltratada, era amable y **generosa**. Mason compartía más que su fortuna. También compartía su fortaleza y su buen corazón. Al donar dinero y tierras, ayudaba a guarderías y escuelas. Ofrecía comida y lugares donde vivir a los necesitados. Hasta visitaba a prisioneros en la cárcel.

Mason ayudó a fundar la primera iglesia para afroamericanos de Los Ángeles. La iglesia abrió sus puertas en 1872. Era una iglesia que apoyaba a la comunidad. En la década de 1960, el área alrededor de la iglesia era demasiado **comercial**. Los líderes de la iglesia decidieron mudarla. Se construyó una nueva iglesia en la zona suroeste de la ciudad. La nueva iglesia se llama Primera Iglesia Episcopal Metodista Africana (FAME, por sus siglas en inglés). ¡Ahora tiene más de 19,000 miembros!

La construcción de la FAME

Paul R. Williams era **arquitecto**. Abrió su propio estudio de arquitectura en la década de 1920. Su trabajo aumentó. Se hizo famoso por sus diseños de casas y tiendas. Williams fue el arquitecto que creó la nueva iglesia FAME en la década de 1960.

Yerno y socio

Charles Owens provenía de una familia afroamericana rica. Su padre ayudó a Mason y su familia a obtener la libertad. Después, Owens se casó con la hija de Mason, Ellen. Biddy Mason y Owens fundaron juntos la iglesia FAME en 1872.

la iglesia FAME hoy

En homenaje a Mason

Mason murió en 1891. Tenía 72 años. El periódico *Los Angeles Herald* publicó su **obituario**. Decía que sus 40 años en Los Ángeles estuvieron "plenos de obras de bien". A lo largo de su vida, Mason fue esclava y caminó miles de millas hacia la libertad. Crio a tres hijas y les dio un hogar, al igual que a los hijos de sus hijas. En su vida pública, fue enfermera, maestra y mujer de negocios. A cada paso del camino, ayudó a otros. El suyo fue un viaje muy especial.

A pesar de todos sus logros, Mason fue enterrada en una tumba sin inscripción. Así quedó durante casi 100 años. En 1988, Tom Bradley era el alcalde de Los Ángeles. Él y muchos otros querían homenajear a Mason. Colocaron una lápida que **conmemora** la vida y el **legado** de Mason como corresponde. "Fue pionera en muchos aspectos —dijo Bradley—. Pero hoy, Biddy Mason viene a casa para quedarse".

Homenaje del alcalde

Bradley fue elegido alcalde de Los Ángeles en 1973. Fue el primer afroamericano en ocupar ese cargo. Muchos estaban felices con los cambios y la diversidad que logró durante su gobierno. Fue elegido para el mismo puesto otras cuatro veces. Se desempeñó como alcalde durante 20 años.

Civismo

BIDDY MASON

AUG. 15 | JAN. 16
1818 | 1891

FORMER SLAVE
PHILANTHROPIST
HUMANITARIAN

FOUNDING MEMBER
FIRST AFRICAN METHODIST
EPISCOPAL CHURCH
1872
LOS ANGELES, CALIFORNIA

MRS. BIDDY MASON.

The Death of an Old Resident of This City.

At her home, 331 South Spring street, Mrs. Biddy Mason, aged 73 years and 5 months.

With Mrs. Mason has passed away another of the old settlers of Los Angeles. She was born in Hancock county, Georgia, August 15, 1818.

She came to California in June, 1851, settled in San Bernardino and remained there until January 9, 1854, when she came to Los Angeles forty years ago the 9th of the present month.

These forty years have been filled with good works, and we are sure she has been welcomed into the "Better Land" with the plaudit "Well done." She was a consistent Christian and member of the Fort-street M. E. church.

She leaves two daughters, Mrs. Huddleston and Mrs. W. H. Brown, also two grandsons, Mr. Robert Owens and Mr. Henry L. Owens, all this city.

El periódico informó sobre la muerte de Mason porque era una integrante reconocida de su comunidad.

23

From ten years' wages
Biddy saves $250
to buy this homestead
Lots 3 and 8, Block 7
of the Ord survey,
a bit out of town, amid
gardens and groves
1866.

She wins freedom in court.

Smith transports
slaves to California,
a free state where
Judge Hayes declares
Biddy Mason's family
entitled to freedom
and free forever,
1856.

uno de los muros del
monumento a Biddy Mason

La ciudad de Los Ángeles volvió a homenajear a Mason. En 1989,
la ciudad inauguró un **monumento** cerca de donde estaba su casa. Se
llama "La casa de Biddy Mason: Un fragmento de la historia". El sitio
cuenta su vida a través de una línea cronológica y de imágenes. El
monumento es un muro negro de concreto que mide 81 pies (25 metros)
de largo y 8 pies (2 metros) de altura. Incluye fotografías, impresiones,
mapas y dibujos. Partes del muro muestran los documentos que
certifican la libertad de Mason y su título de propiedad. Estos son los
únicos documentos de ella que se conservan.

La mano abierta de Biddy

"Si tienes la mano cerrada, nada bueno puede entrar. La mano abierta es una bendición, porque da abundancia incluso mientras recibe".

—Biddy Mason

Cerca hay un mural grande. El mural muestra a Mason y a otras tres mujeres sentadas en un porche. También hay una ventana con algunos objetos de la vida de Mason. En el centro de la ventana, hay una foto enmarcada de Mason. No existen muchas fotos de ella. Por eso esta foto es especial.

El título del mural es "La casa de la mano abierta de Biddy Mason". Ese título refleja la vida de esta mujer extraordinaria que recibía a todo el mundo. Todos los días, se formaba una fila en la puerta de su casa. Las personas sabían que podían ir a verla si necesitaban ayuda. Sus manos estuvieron abiertas hasta el día en que murió.

El corazón de Los Ángeles

Cuando Mason compró sus tierras, estas estaban casi en las afueras de Los Ángeles. Ahora, Spring Street está en el corazón de la ciudad. Cerca, hay un edificio de oficinas del gobierno estatal, un museo, un teatro y el ayuntamiento de Los Ángeles. Este es el centro del distrito comercial de la ciudad. Y parece adecuado, ya que Mason fue una mujer de negocios muy exitosa.

Pero la historia de Mason no se limita a su fortuna. Ella vivió en una época en la que los afroamericanos y las mujeres sufrían **discriminación**. Mason jamás dejó que las dificultades la detuvieran. Cuando tuvo que caminar, atravesó todo un país a pie. Cuando tuvo la posibilidad de obtener su libertad, luchó para lograrla. Cuando pudo ganar su propio dinero, lo hizo de manera **sobresaliente**. Cuando se convirtió en una mujer rica, ayudó a otras personas.

¿Qué palabras resumen la vida de Mason? Fuerza. Valentía. Inteligencia. **Compasión**.

Los Ángeles hoy

Con la frente en alto

Linda Cox (sentada en la foto) es **chozna** de Mason. Estuvo presente cuando se inauguró el parque Biddy Mason en Los Ángeles. "Conocer esta historia nos hace andar con la frente en alto", dijo.

Seguir los pasos de Biddy

Biddy Mason y Madame C. J. Walker fueron mujeres inteligentes y fuertes. Walker fue la primera persona de su familia que nació libre. Fue una de las primeras mujeres estadounidenses en convertirse en millonaria por sus propios medios.

¡Presenta una obra!

Imagina que eres dramaturgo. Escribe un guion para un teatro de lectores sobre la lucha de Biddy Mason por su libertad en el tribunal. Incluye papeles para Mason, su abogado, el juez, Robert Smith y el abogado de Smith.

Piensa en incluir un narrador. Esta persona presenta la escena dando la información de contexto. Imagina la conversación que tuvo Mason con el juez en privado.

- ¿Qué diría Smith a su abogado?
- ¿Qué diría Mason a sus hijas cuando por fin fueron libres?
- ¿Qué crees que dijo Smith cuando perdió el caso?

Cuando termines, reúne a algunos de tus compañeros de clase. Asigna los papeles y ensayen. Si el tiempo lo permite, haz un espectáculo para tu familia, tus amigos o la clase.

Glosario

arquitecto: una persona que planifica edificaciones y supervisa su construcción

censo: un recuento oficial de las personas que viven en un lugar determinado en un momento determinado

chozna: hija del tataranieto de una persona

comercial: relacionado con la compra y la venta de bienes y servicios

compasión: sentimientos de comprensión y empatía por alguien que sufre

conmemora: recuerda pública y solemnemente algo o a alguien

cultivos comerciales: plantas que se cultivan para la venta y no para el uso de quienes las cultivan

discriminación: el trato injusto debido a diferencias, como la raza, el género, el aspecto o la edad

étnicos: relacionados con grupos de personas que tienen lazos culturales en común

fundar: construir o crear

generosa: dispuesta y deseosa de compartir con otros

ilegal: que va en contra de la ley

legado: algo que se recibe de un hecho del pasado o de alguien que vivió en el pasado

monumento: algo que homenajea a una persona o un suceso especial

obituario: un anuncio en el que se informa que alguien murió

partera: una persona que ayuda a atender partos

pioneros: las primeras personas que exploran y se instalan en un lugar nuevo

plantación: una gran granja donde se producen cultivos para ganar dinero

sitio histórico: lugar o edificación importante para la historia

sobresaliente: excelente

título de propiedad: un documento legal que demuestra quién es el dueño de un edificio

Índice

¡Tu turno!

Una vida monumental

Biddy Mason tuvo una vida asombrosa. Ayudó a muchas personas. También dejó su huella en la ciudad. El monumento a Biddy Mason queda en el centro de Los Ángeles. Celebra su vida y sus logros.

Elige a una persona de tu ciudad de origen o de otra ciudad que merezca un monumento. Investiga sobre su vida. Haz una lista de todos sus logros. Luego, diseña un monumento para homenajearla. Dibuja el diseño y rotúlalo. Asegúrate de usar imágenes o documentos importantes. Incluye el tamaño y las medidas del monumento, e indica dónde estará ubicado.